Mein erstes
Wisch-und-weg-Buch

Wörter schreiben

Illustrationen: Malu Lenzi

Gestaltung: Meg Dobbie

Redaktion der deutschen Ausgabe:
Redaktionsbüro Stiefenhofer

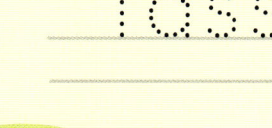

Tasse

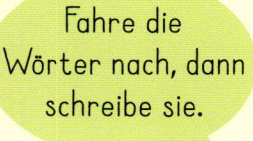

Fahre die
Wörter nach, dann
schreibe sie.

Sonne Sonne

Tasche Tasche

Krabbe Krabbe

Hut Hut

Hase

Hase

Netz

Netz

Ball

Ball

Käfer

Käfer

Kuh

Kuh   _____

Huhn

Huhn   _____

Hund

Hund

Katze

Katze

Haus   Haus

Bus   Bus

Auto

Auto

Van

Van

Teppich   Teppich

Topf   Topf

Fächer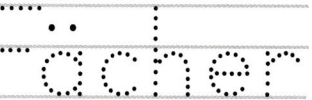

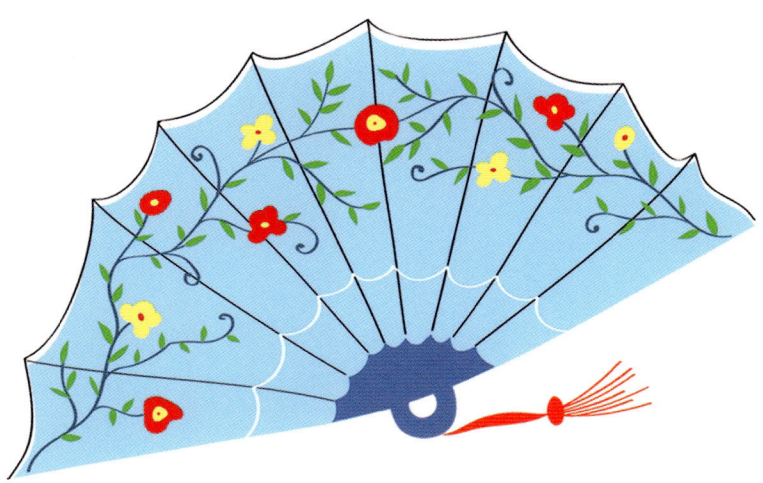

Bett

Maus   Maus

Glas   Glas

Fuchs

Kiste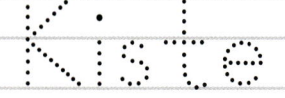

Nuss

Latz

Tasse   Tasse

Mopp   Mopp

Fahre die Wörter nach.
Verbinde sie dann mit
den passenden Bildern.

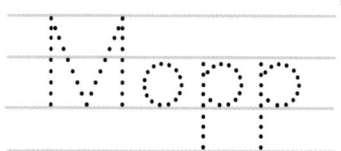

Mopp

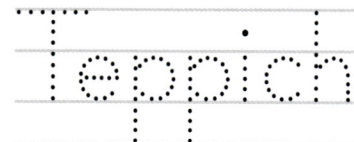

Teppich

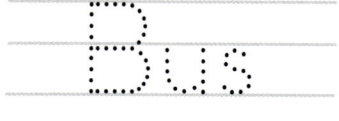

Bus

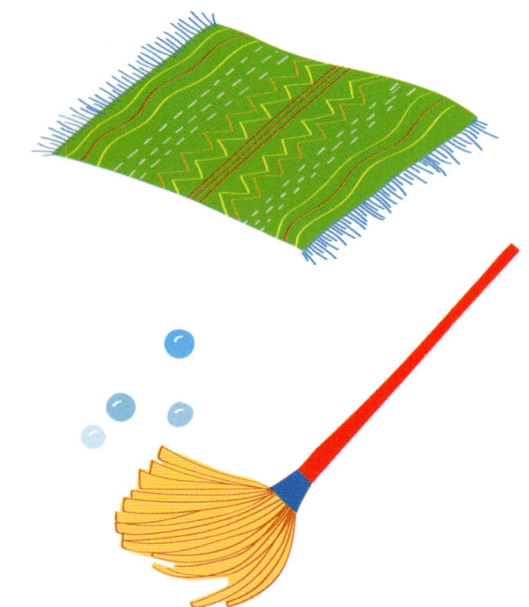

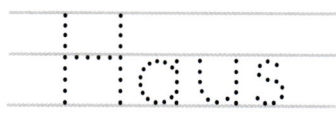

Haus

Kuh

Topf

Fächer

Katze

Kiste

Fahre die Anfangsbuchstaben nach.
Schreibe dann die Wörter fertig.